Personas de la comunidad

Los dentistas

Diyan Leake

Heinemann Library
Chicago, Illinois

© 2008 Heinemann Library
a division of Pearson Inc.
Chicago, Illinois

Customer Service 888-454-2279
Visit our website at www.heinemannraintree.com

Designed by Joanna Hinton-Malivoire and Steve Mead
Printed in China by South China Printing Company Limited
Translation into Spanish by DoubleO Publishing Services

12 11 10 09 08
10 9 8 7 6 5 4 3 2 1

ISBN-10: 1-4329-1994-6 (hc) -- ISBN-10: 1-4329-2001-4 (pb)
ISBN-13: 978-1-4329-1994-8 (hc) -- ISBN-13: 978-1-4329-2001-2 (pb)

Library of Congress Cataloguing-in-Publication Data

Leake, Diyan.
  [Dentists. Spanish]
  Los dentistas / Diyan Leake.
     p. cm. -- (Personas de la comunidad)
  Includes index.
  ISBN 978-1-4329-1994-8 (hardcover) -- ISBN 978-1-4329-2001-2 (pbk.)
  1. Dentists--Vocational guidance--Juvenile literature. 2.
Dentistry--Vocational guidance--Juvenile literature. I. Title.
  RK63.L4318 2008
  617.6'0232--dc22
                                  2008017201

Acknowledgments
The publishers would like to thank the following for permission to reproduce photographs:
©Age Fotostock pp. **4** (Werner Otto), **9** (Sylvain Grandadam) **22 (top)** (Werner Otto); ©Alamy (Peter Griffin) p. **5**; ©Corbis pp. **7** (FotostudioFM/Zefa), **11** (Peter Beck), **16** (Lucidio Studio, Inc.), **17** (Tom Stewart), **20** (Simon Marcus), **22** (Peter Beck); ©Getty Images pp. **8** (Jon Riley), **10** (PNC), **12** (Paul Burns), **13** (Paul Burns), **18** (Wayne Eastep), **19** (Karin Dreyer), **21** (Chabruken); ©Heinemann-Raintree (Tracy Cummins) pp. **14**, **22 (middle)**; ©Jupiter Images (Anderson Ross) p. **6**; ©Robert & Linda Mitchell p. **15**.

Front cover photograph of a dentist reproduced with permission of ©Getty Images. Back cover photograph reproduced with permission of ©Getty Images (Karin Dreyer).

Every effort has been made to contact copyright holders of any material reproduced in this book. Any omissions will be rectified in subsequent printings if notice is given to the publisher.

Contenido

Comunidades

Las personas viven en comunidades.

Las personas trabajan en comunidades.

Los dentistas de la comunidad

Los dentistas trabajan en comunidades.

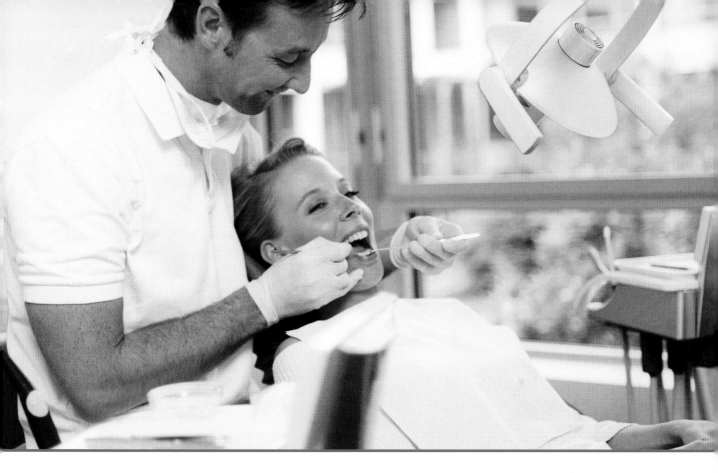

Los dentistas cuidan los dientes
de las personas.

¿Qué hacen los dentistas?

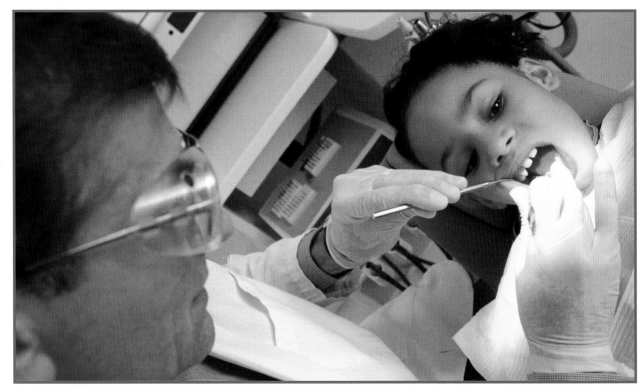

Los dentistas examinan los dientes de las personas.

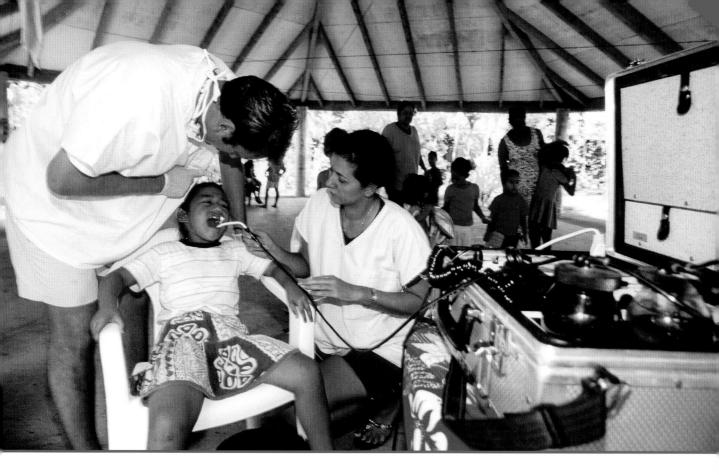

Los dentistas les limpian los dientes a las personas.

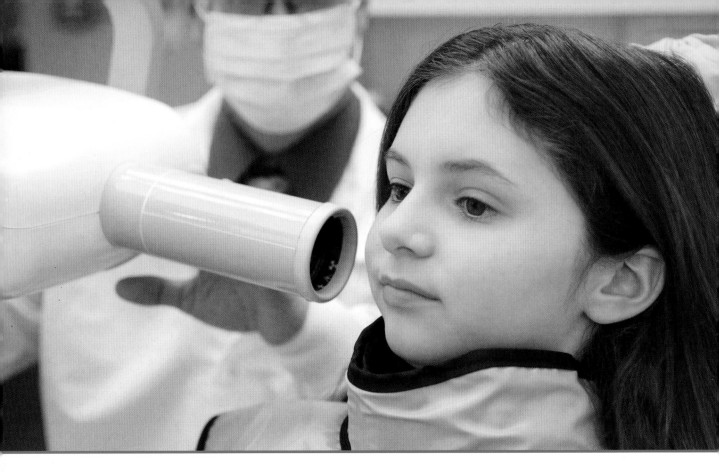

Los dentistas sacan radiografías
de los dientes.

Las radiografías son fotografías
de los dientes.

¿Qué usan los dentistas?

Los dentistas usan instrumentos.

espejo

Los dentistas usan espejos.

¿Dónde trabajan los dentistas?

Los dentistas trabajan en consultorios.

Los dentistas trabajan en clínicas.

Las personas que trabajan con los dentistas

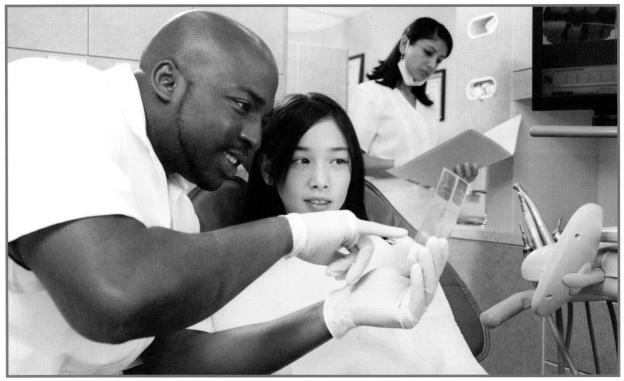

Los dentistas trabajan con otras personas.

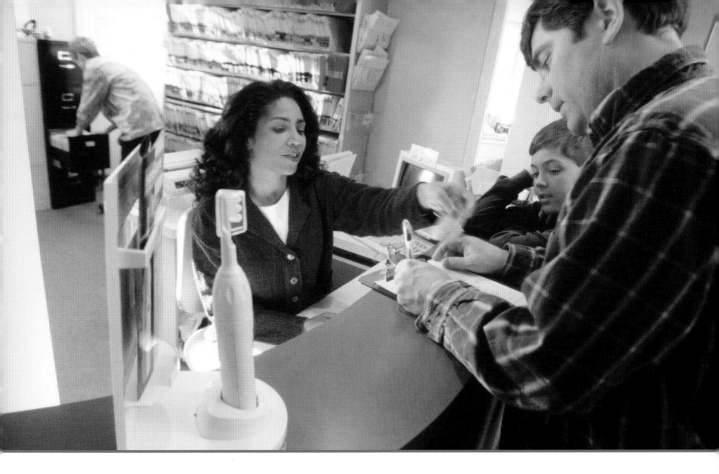

Esta persona recibe a los pacientes.

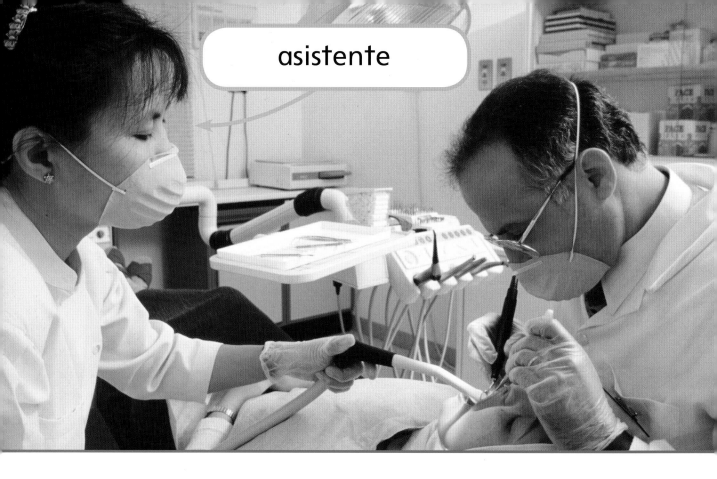

asistente

Esta persona ayuda al dentista.

higienista

Esta persona ayuda a limpiar
los dientes.

¿Cómo nos ayudan los dentistas?

Los dentistas nos ayudan a mantener los dientes sanos.

Los dentistas ayudan a la comunidad.

Glosario ilustrado

 **comunidad** grupo de personas que vive y trabaja en la misma zona

 **consultorio** lugar donde trabaja un dentista

 **radiografía** fotografía del interior del cuerpo de una persona

Índice

Nota a padres y maestros

Esta serie presenta a los lectores las vidas de los distintos trabajadores de la comunidad, y explica algunos de los distintos trabajos que desempeñan en todo el mundo. Algunos de los lugares que aparecen en el libro incluyen Hanover, Alemania (página 4); Ua Pou, Polinesia Francesa (página 9); Chicago, Illinois (página 14); y Siem Reap, Camboya (página 15).

Comente con los niños sus experiencias con los dentistas de la comunidad. ¿Conocen a algún dentista? ¿Visitaron alguna vez el consultorio de un dentista? ¿Cómo era? Comente con los niños por qué las comunidades necesitan dentistas.

Pida a los niños que revisen el libro e identifiquen algunos de los instrumentos que ayudan a los dentistas a hacer su trabajo. Entregue a los niños cartulina para afiches y pídales que dibujen dentistas. Pídales que dibujen la ropa y los instrumentos que usan para trabajar.

El texto se ha elegido con el asesoramiento de una experta en lecto-escritura para garantizar el éxito de los lectores principiantes en su lectura independiente o con apoyo moderado. Puede apoyar las destrezas de lectura de no ficción de los niños ayudándolos a usar el contenido, el glosario ilustrado y el índice.